この本の使い方

本書は「てあそび」の英語うたを全30曲掲載したものです。アメリカの童謡やイギリスの「マザーグース」などから選曲しました。振付や歌詞は、おもにアメリカでよく使われているものを取り上げています。国や地域によって異なる場合もあります。

① 楽譜

② 遊び方

全30曲の「楽譜（メロディー譜）」「遊び方のポイント」を掲載しています。おもに一人でも、お友達と一緒でも、遊べる「てあそび英語うた」を収載しました。全30曲の「楽譜（メロディー譜）」にはコードを明記しました。そのコードを元にギターやピアノで簡易伴奏を付けてみましょう。尚、子どもたちが無理なく歌える音域に移調しています。DVDを参考にしながら「遊び方のポイント」を予習して遊びましょう。

③ 歌詞（英語・日本語訳）

全30曲の「英語歌詞」「カタカナで書かれた英語の読み方」「英語歌詞の日本語訳（意味）」を掲載しています。DVDには著者による「英語歌詞」を朗読した発音サンプルが収録されています。歌う前に「英語歌詞の発音」を予習して歌いましょう。また「英語歌詞の日本語訳」を参考に、単語の意味などを確認してみましょう。

DVDの再生の方法

本書の付属DVDには、著者による模範歌唱や「英語歌詞」を朗読した発音サンプルなどが収録されています。再生の方法の詳細は以下をご覧下さい。

メニュー画面

〈ALL PLAY〉を選択すると、自動的に全30曲を収録順に再生します。
〈SELECT MENU〉を選択すると全30曲のコンテンツ（目次）が出てきます。曲名を選択するとその曲が始まります。

22~30曲目

11~21曲目

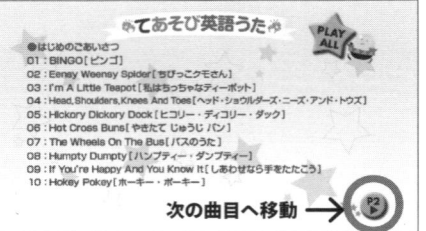

はじめのごあいさつ

著者による、本書についてのごあいさつを収録しています。

DVDチャプターNo. 1

1曲目・BINGOの場合→ DVDチャプターNo. 2

曲ごとの収録内容

①ポイントと発音サンプル

「遊び方のポイント（曲解説）」と「英語歌詞の発音サンプル」が収録されています。

②歌と動きのお手本
著者による歌と手遊びの実演です。必要に応じて、音声と字幕を切り替えて鑑賞できます。

＊音声について
　〈模範歌唱〉と〈カラオケ〉機能に切り替えができます。
＊字幕について
　〈英語歌詞字幕〉と〈英語の読み方（カタカナ表記）〉に切り替えができます。

【リモコンで選曲する場合】
本書曲名の頭に記載した番号はあくまでも「曲数・曲順序」を表すもので、リモコンで聴きたい（好きな）曲を選曲する場合は、本書の各曲ごとに記載した「チャプター・ナンバー（Chapter No.）」を選んでください。

【曲ごとに再生する場合】
＊DVDの再生中に選曲する場合
「SELECT MENU」を選択すると全30曲のコンテンツ（目次）が出てきます。曲名を選択するとその曲が始まります。

[DVD取扱上のご注意]
・このDVDは、チャプター選択画面（チャプター・メニュー）でチャプター選択操作をすることができます。
・ひび割れや変形、または接着剤等で補修されたディスクは危険ですから絶対に使用しないで下さい。また、静電気防止剤やスプレー等の使用は、ひび割れの原因となることがあります。
・ディスクは両面とも、指紋、汚れ、キズ等を付けないように取り扱ってください。
・ディスクの汚れは、柔らかい布を軽く水で湿らせ、放射状に外に向かって軽くふき取ってください。
・ディスクの表面には、絵や文字を書いたりシール等を貼り付けたりしないでください。
・使用後は、必ずプレーヤーから取り出し、ディスク・ケースに収めて、直射日光の当たる所や高温、多湿の場所は避けて保管してください。
・ディスク・ケースの上に重いものを置いたり、落としたりすると、ケースが破損し、ケガをすることがあります。
・各種機能についての操作方法はお手持ちのプレーヤーの取扱説明書をご覧ください。

＊おことわり
・このDVDは、有償・無償にかかわらず、権利者の書面による事前の承諾を得ず、貸与・複製・公衆送信・上映等を行うことを禁止致します。
・このDISCは、権利者の承諾なく賃貸業に使用すること、また個人的な範囲を超える使用目的で複製すること、ネットワーク等を通じて、このDISCに収録された音を送信できる状態にすることは、著作権法で禁じられています。
・DVDビデオは映像と音声を高密度に記録したディスクです。DVDビデオ対応のプレーヤーで再生してください。

片面一層 MPEG-2	COLOR	16:9 LB	ALL NTSC 日本国内向	DVD VIDEO

目次

はじめに ･･･ 2
この本の使い方 ･･･ 3
DVDの再生の方法 ･･ 4
〈付録〉えいごであそぼう！ ･････････････････ 33, 41, 75, 79, 87 （こたえ 95）

01：**BINGO** ････ ビンゴ ･････････････････････････････････････ 8
02：**Eensy Weensy Spider** ････ ちびっこクモさん ･･････････････ 11
03：**I'm A Little Teapot** ････ 私はちっちゃなティーポット ･･････ 14
04：**Head, Shoulders, Knees And Toes**
　　････ ヘッド・ショウルダーズ・ニーズ・アンド・トウズ･･･････････ 17
05：**Hickory Dickory Dock** ････ ヒコリー・ディコリー・ダック ･･･ 20
06：**Hot Cross Buns** ････ やきたて じゅうじ パン ･･････････････ 23
07：**The Wheels On The Bus** ････ バスのうた ･････････････････ 26
08：**Humpty Dumpty** ････ ハンプティー・ダンプティー ････････ 30
09：**If You're Happy And You Know It**
　　････ しあわせなら手をたたこう ･････････････････････････････ 34
10：**Hokey Pokey** ････ ホーキー・ポーキー ････････････････････ 38
11：**Jack And Jill** ････ ジャックとジル ････････････････････････ 42
12：**John Brown's Baby** ････ ジョン・ブラウンの赤ちゃん ･･････ 45

13：**The Grand Old Duke Of York**
　　・・・・偉大なデューク・オブ・ヨーク ・・・・・・・・・・・・・・・・・・・・・・・・・・・・・・ 48

14：**Old MacDonald Had A Farm** ・・マクドナルドおじいさんの牧場 ・・ 52

15：**Where Is Thumbkin?** ・・・・おやゆびくんは どこ？・・・・・・・・・ 56

16：**Pat-A-Cake, Pat-A-Cake** ・・ペッタン・ペッタン・パンやさん・・ 59

17：**Ten Little Monkeys** ・・・・10匹のおさるさん ・・・・・・・・・・・・・・・・ 62

18：**Row, Row, Row Your Boat** ・・・・こげ こげ ボート ・・・・・・・・・ 66

19：**Twinkle, Twinkle Little Star** ・・・・キラキラ星 ・・・・・・・・・・・・・ 69

20：**Polly, Put The Kettle On** ・・・・ポリー、やかんをかけて ・・・・・ 72

21：**One, Two, Three, Four, Five!** ・・いち に さん し ご！・・・・・ 76

22：**Five Little Ducks** ・・・・5匹のアヒル ・・・・・・・・・・・・・・・・・・・・・ 80

23：**One Potato Two Potato** ・・・・じゃがいも1つ2つ ・・・・・・・・・ 84

24：**A Sailor Went To Sea** ・・・・ふなのりさんが海に行ったよ・・・・・・・ 88

25：**Teddy Bear, Teddy Bear** ・・・・テディ・ベア・・・・・・・・・・・・・・・ 92

26：**This Old Man** ・・・・ディス・オールド・マン ・・・・・・・・・・・・・・・・ 96

27：**Rock-A-Bye Baby** ・・・・ねんねん赤ちゃん ・・・・・・・・・・・・・・・・ 100

28：**Sing A Song Of Sixpence** ・・・・6ペンスのうた ・・・・・・・・・・・・・ 103

29：**This Little Pig Went To Market** ・・こぶたさんがお買いものに・・ 106

30：**One, Two, Buckle My Shoe** ・・1、2、くつひもむすんで ・・ 109

01 : BINGO
ビンゴ

歌う前に「農家のおじさんの犬の名前は?」と子どもたちに聞くと興味がわいてくるでしょう。おじさんの犬の名前は「ビンゴ」です。「B・I・N・G・O」ビンゴのスペル(綴り)を覚えながら、くり返す度に1文字ずつ、声(綴りの発音)を出すかわりに、手をたたきましょう。
1回・2回・3回・4回・5回・6回と歌う度に手をたたく回数が増えていきます。

DVD チャプターNo. 2

Music by traditional

1. There was a farm-er had a dog and Bin-go was his name - o.

```
B - i - - - n - g - o.    B - i - - - n - g - o.    B - i - - - n - g - o
* i - - - n - g - o.     * i - - - n - g - o.     * i - - - n - g - o
* *     n - g - o.       * *     n - g - o.       * *     n - g - o
* *     * g - o.         * *     * g - o.         * *     * g - o
* *     * * o.           * * *   * o.             * * *   * o
* *     * * *            * * *   * * *            * * *   * * *     and
```

1.~5. Bin - go was his name - o. 2.~6. There Bin - go was his name - o.

☆ 歌にあわせてやってみよう！ ☆

1かいめ ♪ There was a farmer~

B-i-n-g-o

1回目は歌を全部歌います。

2かいめ ♪ 👏 -i-n-g-o

パン☆ i-n-g-o

2回目は「Bingo」の「B」を歌わないで手を1回たたき、「i-n-g-o」を歌います。

3かいめ ♪ 👏 👏 -n-g-o

パンパン☆ n-g-o

3回目は「B-i」を歌わないで手を2回たたき、「n-g-o」を歌います。

4かいめ ♪ 👏 👏 👏 -g-o

パンパンパン☆ g-o

4回目は「B-i-n」を歌わないで手を3回たたき、「g-o」を歌います。

5かいめ ♪ 👏 👏 👏 👏 -o

パンパンパンパン☆ o

5回目は「B-i-n-g」を歌わないで手を4回たたき、「o」を歌います。

6かいめ ♪ 👏 👏 👏 👏 👏

パンパンパンパンパン☆

最後は「B-i-n-g-o」を全部歌わないで、5回手をたたきます。

BINGO
(ビンゴ)

There was a farmer had a dog
(ゼア ワズ ア ファーマー ハッド ア ドッグ)

and Bingo was his name-o.
(アンド ビンゴ ワズ ヒズ ネイム オウ)

B-i-n-g-o.
(ビー・アイ・エヌ・ジー・オウ)

B-i-n-g-o.
(ビー・アイ・エヌ・ジー・オウ)

B-i-n-g-o and Bingo was his name-o.
(ビー・アイ・エヌ・ジー・オウ アンド ビンゴ ワズ ヒズ ネイム オウ)

ビンゴ

のうかの　おじさんは　いぬを　かっていた

いぬの　なまえは　ビンゴ

ビンゴ

ビンゴ

いぬの　なまえは　ビンゴ

02：Eensy Weensy Spider
ちびっこクモさん

両手の人差し指と親指で、ちびっこクモさんを作ります。
少し難しい動作ですが、クモさんが一生懸命雨どいをのぼっていく様子を
歌ったあそびうたです。

インシィ　ウィンシィ　スパイダー

DVDチャプターNo. 4

Music by traditional

The een - - sy ween - - sy spi - - - - der went up the
wa - ter spout. Down came the rain
and washed the spi - - der out. Out
came the sun and dried up all the
rain, and the een - - sy ween - - sy spi - - - - -
der went up the spout a - gain.

☆ 歌にあわせてやってみよう！ ☆

① ♪ The eensy weensy spider went up the water spout.

両手の人差し指と親指を交互に合わせ、両腕を少しずつ上げながらクモが上って行くようにします。

② ♪ Down came the rain and

両手を使って雨が降っているようにします。

③ ♪ washed the spider out.

両手を右から左へ大きく振り、クモが雨に流されるようにします。

④ ♪ Out came the sun and dried up all the rain,

頭の上に両手で円（太陽）を作ります。

⑤ ♪ and the eensy weensy spider went up the spout again.

ふたたび両手の人差し指と親指を交互に合わせ、両腕を少しずつ上げながらクモが上って行くようにします。

Eensy Weensy Spider
(インシィ ウィンシィ スパイダー)

The eensy weensy spider went up the water spout.
(ザ インシィ ウィンシィ スパイダー ウェント アップ ザ ウォーター スパウト)

Down came the rain and washed the spider out.
(ダウン ケイム ザ レイン アンド ウォッシュド ザ スパイダー アウト)

Out came the sun and dried up all the rain,
(アウト ケイム ザ サン アンド ドライド アップ オール ザ レイン)

and the eensy weensy spider went up the spout again.
(アンド ザ インシィ ウィンシィ スパイダー ウェント アップ ザ スパウト アゲン)

ちびっこクモさん

ちびっこ クモさんが あまどいを のぼっていった

あめが ふってきて クモさんが ながされてしまった

たいようが でてきて あめが かわいたので

ちびっこ クモさんは また あまどいを のぼっていった

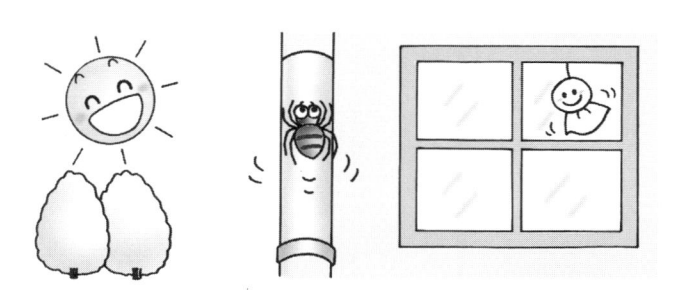

03 : I'm A Little Teapot
私はちっちゃなティーポット

自分が、小さくコロンとした可愛いティーポットになったつもりで、お茶を注いでみましょう。
歌う前に本物のティーポットを手にして、
「みんなでティーポットになってみましょう！」と言ってから、歌うと楽しいでしょう。

Music by traditional

I'm a lit-tle tea-pot, short and stout. Here is my han-dle,
here is my spout. When I get all steamed up
hear me shout, "Just tip me o-ver and pour me out!"

☆ 歌にあわせてやってみよう！ ☆

① ♪ I'm a little teapot, short and stout.

「short」のときに、頭に右手をのせて背を低くし、「stout」のときに、腕でポットの丸さを表現します。

② ♪ Here is my handle,

右手を腰に当ててハンドルを作り、

③ ♪ here is my spout.

左手で注ぎ口を作ります。

④ ♪ When I get all steamed up hear me shout,

そのままの姿勢で、

⑤ ♪ "Just tip me over and pour me out!"

腰から少し左に倒し、注ぎ口からお茶が出るようにします。

I'm A Little Teapot

I'm a little teapot, short and stout.

Here is my handle, here is my spout.

When I get all steamed up hear me shout,

" Just tip me over and pour me out ! "

私はちっちゃなティーポット

わたしは　ちっちゃな　まるい　ティーポット

ここが　とってで　ここが　くち

おゆが　わいたら　おおごえで　いうの

「よこにして　そそいでね！」

04: Head, Shoulders, Knees And Toes
ヘッド・ショウルダーズ・ニーズ・アンド・トウズ

head（頭）／shoulders（肩）／knees（ひざ）／toes（つまさき）／eyes（目）／ears（耳）／mouth（口）／nose（鼻）と、身体の部分を触って歌いながら、それぞれの名称を覚えていきます。曲のテンポ（速度）がだんだんと速くなっていくので、子どもたちは大喜びです。

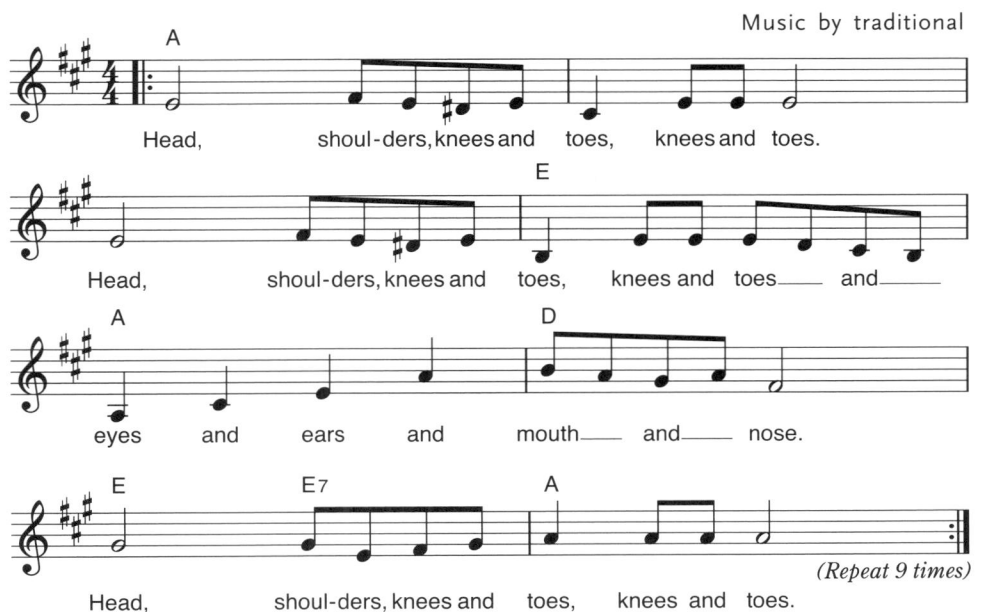

Music by traditional

Head, shoul-ders, knees and toes, knees and toes.
Head, shoul-ders, knees and toes, knees and toes—— and——
eyes and ears and mouth—— and—— nose.
Head, shoul-ders, knees and toes, knees and toes.

(Repeat 9 times)

☆ 歌にあわせてやってみよう！ ☆

1かいめ

Head, shoulders, knees and toes, knees and toes.
Head, shoulders, knees and toes, knees and toes and
eyes and ears and mouth and nose.
Head, shoulders, knees and toes, knees and toes.

head	shoulders	knees	toes
eyes	ears	mouth	nose

歌いながら歌詞の順番で両手を使い、
「頭」、「両肩」、「両膝」、「つまさき」、「両目」、「両耳」、「口」、「鼻」を触ります。

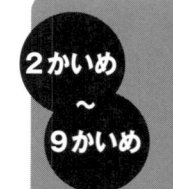

2かいめ〜9かいめ

Head, shoulders, knees and toes, knees and toes.
　2　　　　3　　　　　4　　　　　5　　4　　　5
Head, shoulders, knees and toes, knees and toes and
　2　　　　3　　　　　4　　　　　5　　4　　　5
eyes and ears and mouth and nose.
　6　　　7　　　　8　　　　9
Head, shoulders, knees and toes, knees and toes.
　2　　　　3　　　　　4　　　　　5　　4　　　5

2回目は「head」のところだけ、歌わずに「頭」を触ります。
3回目は「head」＋「shoulders」のところだけ、歌わずに「頭」と「両肩」を触ります。
くり返し歌い、歌詞に合わせて歌わない身体の部分を増やします。
最後は歌がなくなり、振りだけになります。
曲のテンポがだんだんと速くなるので、リズムに合わせて身体を動かしましょう。

Head, Shoulders, Knees And Toes
_{ヘッド ショウルダーズ ニーズ アンド トウズ}

Head, shoulders, knees and toes, knees and toes.
Head, shoulders, knees and toes,
knees and toes and
eyes and ears and mouth and nose.
Head, shoulders, knees and toes, knees and toes.

ヘッド・ショウルダーズ・ニーズ・アンド・トウズ

あたま　かた　ひざと　つまさき　ひざと　つまさき

あたま　かた　ひざと　つまさき

ひざと　つまさきと

めと　みみと　くちと　はな

あたま　かた　ひざと　つまさき　ひざと　つまさき

05：Hickory Dickory Dock
ヒコリー・ディコリー・ダック

「Hickory Dickory Dock」とは、振り子時計（柱時計）の「振り子のチクタク音」をあらわす言葉遊びです。「The clock struck one」を「The clock struck two」「The clock struck three」と時間を置き換えて遊ぶことができます。時計の鐘が鳴った回数だけ手をたたいてください。

10 DVDチャプターNo.

Music by traditional

Hick-o-ry dick-o-ry dock, the mouse ran up the clock. The clock struck one, the mouse ran down. Hick-o-ry dick-o-ry dock.

☆ 歌にあわせてやってみよう！ ☆

① ♪ Hickory dickory dock,

両手のひらを合わせ、腕を左右に時計の振り子のように動かします。

② ♪ the mouse ran up the clock.

左腕を立て、右手の指で
ネズミが時計をかけ上がるようにします。

③ ♪ The clock struck one,

1時の鐘が鳴ったので、
両手で一回、時報をたたきます。

④ ♪ the mouse ran down.

また左腕を立て、右手の指でビックリしたネズミが
時計をかけ下りるようにします。

⑤ ♪ Hickory dickory dock.

両手のひらを合わせ、
腕を左右に時計の振り子のように動かします。

Hickory Dickory Dock

Hickory dickory dock,
the mouse ran up the clock.
The clock struck one,
the mouse ran down.
Hickory dickory dock.

ヒコリー・ディコリー・ダック

チック　タック　チック

ネズミが　とけいを　かけのぼった

とけいが　いちじの　かねを　うち

ネズミが　かけおりた

チック　タック　チック

06：Hot Cross Buns
やきたて じゅうじ パン

両手のこぶしで美味しそうなパンを作ってください。「Give them to your daughters, give them to your sons.」では、お子さまにパンを食べさせてあげる気持ちで歌いましょう。歌いながらリズムに合わせて、ゆりかごを左右に揺らしてください。

12
DVD
チャプターNo.

Music by traditional

Hot cross buns! Hot cross buns!
One a pen-ny, two a pen-ny. Hot cross buns!
Give them to your daugh-ters, give them to your sons.
One a pen-ny, two a pen-ny. Hot cross buns!

☆ 歌にあわせてやってみよう！ ☆

① ♪ Hot cross buns! Hot cross buns!

両手でこぶしを作り、リズムに合わせて上下に動かします。

② ♪ One a penny, two a penny.

指を1本、2本立てます。

③ ♪ Hot cross buns!

両手でこぶしを作ってリズムに合わせて上下に動かします。

④ ♪ Give them to your daughters, give them to your sons.

両腕を揺りかごのように左右に揺らします。

⑤ ♪ One a penny, two a penny.

指を1本、2本立てます。

⑥ ♪ Hot cross buns!

ふたたび、両手でこぶしを作ってリズムに合わせて上下に動かします。

Hot Cross Buns

Hot cross buns! Hot cross buns!
One a penny, two a penny. Hot cross buns!
Give them to your daughters, give them to your sons.
One a penny, two a penny. Hot cross buns!

やきたて じゅうじ パン

やきたて じゅうじ パン！　　やきたて じゅうじ パン！

1セント　2セント　　やきたて じゅうじ パン！

おじょうさんに あげて　　むすこさんに あげて

1セント　2セント　　やきたて じゅうじ パン！

＊「Hot Cross Buns」とは上に白い十字架模様が入っているパンのことです。
　イギリスではキリストの復活祭（イースター）の前の金曜日の朝食に食べる習慣があります。

07: The Wheels On The Bus
バスのうた

バスに乗っているつもりで楽しく歌いましょう。「round and round」で、最初はタイヤがくるくる回ります。「swish, swish, swish」で、ワイパーが「シュッ・シュッ・シュッ」と上がったり、下がったりします。「beep, beep, beep」は、最後に一緒にバスのクラクションを鳴らしましょう。

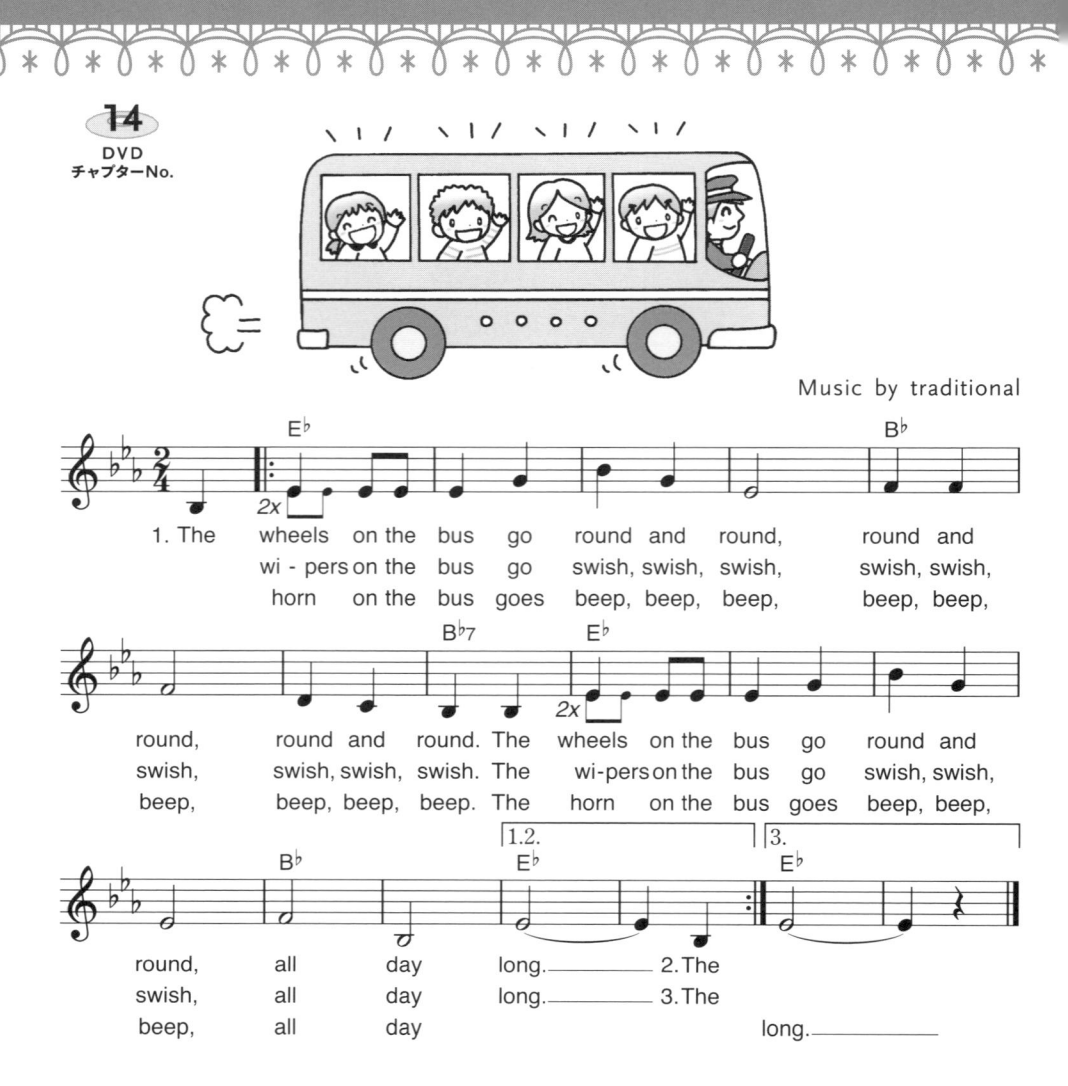

14 DVDチャプターNo.

Music by traditional

1. The wheels on the bus go round and round, round and round, round and round. The wheels on the bus go round and round, all day long. 2. The
   wi-pers on the bus go swish, swish, swish, swish, swish, swish, swish, swish, swish. The wi-pers on the bus go swish, swish, swish, all day long. 3. The
   horn on the bus goes beep, beep, beep, beep, beep, beep, beep, beep, beep. The horn on the bus goes beep, beep, beep, all day long.

☆ 歌にあわせてやってみよう！ ☆

1ばん ♪ The wheels on the bus go round and round, ~

round and / round / round and / round / round and / round

「round」のときに両肘をまげ、歌に合わせて両腕をクルクルまわしてバスのタイヤのようにします。

2ばん ♪ The wipers on the bus go swish, swish, swish, ~

swish / swish / swish

「swish」のときにバスのワイパーのまねします。片腕を上げて肘から上げたり下げたりします。

3ばん ♪ The horn on the bus goes beep, beep, beep, ~

beep / beep / beep

「beep」のときに、バスのクラクションを鳴らすまねをします。

The Wheels On The Bus
<small>ザ　ホウィールズ　オン　ザ　バス</small>

1) <small>ザ　ホウィールズ　オン　ザ　バス　ゴウ　ラウンド　アンド　ラウンド</small>
   The wheels on the bus go round and round,
   <small>ラウンド　アンド　ラウンド　ラウンド　アンド　ラウンド</small>
   round and round, round and round.
   <small>ザ　ホウィールズ　オン　ザ　バス　ゴウ　ラウンド　アンド　ラウンド</small>
   The wheels on the bus go round and round,
   <small>オール　デイ　ロング</small>
   all day long.

2) <small>ザ　ワイパーズ　オン　ザ　バス　ゴウ　スウィッシュ　スウィッシュ　スウィッシュ</small>
   The wipers on the bus go swish, swish, swish,
   <small>スウィッシュ　スウィッシュ　スウィッシュ　スウィッシュ　スウィッシュ　スウィッシュ</small>
   swish, swish, swish, swish, swish, swish.
   <small>ザ　ワイパーズ　オン　ザ　バス　ゴウ　スウィッシュ　スウィッシュ　スウィッシュ</small>
   The wipers on the bus go swish, swish, swish,
   <small>オール　デイ　ロング</small>
   all day long.

3) <small>ザ　ホーン　オン　ザ　バス　ゴウズ　ビープ　ビープ　ビープ</small>
   The horn on the bus goes beep, beep, beep,
   <small>ビープ　ビープ　ビープ　ビープ　ビープ　ビープ</small>
   beep, beep, beep, beep, beep, beep.
   <small>ザ　ホーン　オン　ザ　バス　ゴウズ　ビープ　ビープ　ビープ</small>
   The horn on the bus goes beep, beep, beep,
   <small>オール　デイ　ロング</small>
   all day long.

バスのうた

1) バスの　タイヤは　まわる　まわる

　　まわる　まわる　まわる　まわる

　　バスの　タイヤは　まわる　まわる

　　いちにちじゅう　ずっと

2) バスの　ワイパーは　シャッ　シャッ　シャッ

　　シャッ　シャッ　シャッ　シャッ　シャッ　シャッ

　　バスの　ワイパーは　シャッ　シャッ　シャッ

　　いちにちじゅう　ずっと

3) バスの　クラクションは　プッ　プッ　プー

　　プッ　プッ　プー　プッ　プッ　プー

　　バスの　クラクションは　プッ　プッ　プー

　　いちにちじゅう　ずっと

08：Humpty Dumpty
ハンプティー・ダンプティー

小さなお子様も全身を使って楽しく遊べる曲です。床に座って曲のリズムに合わせながら身体を左右に振ります。そして、「had a great fall.（すごい　いきおいで　おっこちた）」で、ゴロンと横に倒れます。

16 DVDチャプターNo.

Music by traditional

Hump-ty Dump-ty sat on a wall. Hump-ty Dump-ty had a great fall. All the King's hor-ses and all the King's men could-n't put Hump-ty to-geth-er a-gain.

☆ 歌にあわせてやってみよう！ ☆

① ♪ Humpty Dumpty sat on a wall.

床に座り、曲に合わせて身体を左右に振りながら歌います。

② ♪ Humpty Dumpty had a great fall.

「fall」のときに横にゴロンと倒れます。

③ ♪ All the King's horses and all the King's men couldn't put Humpty together again.

倒れたまま、最後まで歌います。

Humpty Dumpty

Humpty Dumpty sat on a wall.
Humpty Dumpty had a great fall.
All the King's horses and all the King's men
couldn't put Humpty together again.

ハンプティー・ダンプティー

ハンプティー・ダンプティーは　かべに　すわっていた

ハンプティー・ダンプティーは　すごい　いきおいで　おっこちた

おうさまの　うまも　けらいも

だれも　ハンプティーを　もとに　もどせなかった

えいごであそぼう！①

さわっているからだのぶぶんは、えいごでなんていうかな？
したの⬭の中からえらんでかこう。

head	shoulders	knees	toes
eyes	ears	mouth	nose

＊こたえは 95 ページだよ。

09 : If You're Happy And You Know It
イフ　ヨア　ハッピー　アンド　ユー　ノウ　イット

しあわせなら手をたたこう

日本でも親しまれている「しあわせなら手をたたこう」。幸せな気持ちを全身で表現しながら楽しく明るく歌いましょう。「clap your hands ＝手をたたこう」「stamp your feet ＝足をふみならそう」「nod your head ＝うなずこう」「turn around ＝くるっとまわろう」「touch your nose ＝鼻をさわろう」などの動作を覚えましょう。

18 DVDチャプターNo.

Music by traditional

If you're hap-py and you know it,
1. clap your hands.
2. stamp your feet.
3. nod your head.
4. turn a-round.
5. touch your nose.
If you're hap-py and you know it,
1. clap your hands.
2. stamp your feet.
3. nod your head.
4. turn a-round.
5. touch your nose.
If you're hap-py and you know it, then your face will sure-ly show it, if you're hap-py and you know it,
1. clap your hands.
2. stamp your feet.
3. nod your head.
4. turn a-round.
5. touch your nose.
If you're nose.

☆ 歌にあわせてやってみよう！ ☆

1ばん ♪ If you're happy and you know it, clap your hands.

「hands」のあとに手を2回たたきましょう。

2ばん ♪ If you're happy and you know it, stamp your feet.

「feet」のあとに足を2回足踏みしましょう。

3ばん ♪ If you're happy and you know it, nod your head.

「head」のあとに2回うなずきましょう。

4ばん ♪ If you're happy and you know it, turn around.

「around」のあとに、くるっとその場で回りましょう。

5ばん ♪ If you're happy and you know it, touch your nose.

「nose」のあとに、鼻を2回触りましょう。

If You're Happy And You Know It
イフ　ヨア　　ハッピー　アンド　ユー　ノウ　イット

イフ　ヨア　　ハッピー　アンド　ユー　ノウ　イット　クラップ　ヨア　　ハンズ
If you're happy and you know it, clap your hands.

イフ　ヨア　　ハッピー　アンド　ユー　ノウ　イット　クラップ　ヨア　　ハンズ
If you're happy and you know it, clap your hands.

イフ　ヨア　　ハッピー　アンド　ユー　ノウ　イット
If you're happy and you know it,

ゼン　　ヨア　フェイス　ウィル　シュアリー　ショウ　イット
then your face will surely show it,

イフ　ヨア　　ハッピー　アンド　ユー　ノウ　イット　クラップ　ヨア　　ハンズ
if you're happy and you know it, clap your hands.

2番以降、―――はこのように歌詞をかえて歌おう！

　　　　イフ　ヨア　　ハッピー　アンド　ユー　ノウ　イット　サタンプ　ヨア　フィート
② If you're happy and you know it, stamp your feet.

　　　　イフ　ヨア　　ハッピー　アンド　ユー　ノウ　イット　ノッド　ヨア　　ヘッド
③ If you're happy and you know it, nod your head.

　　　　イフ　ヨア　　ハッピー　アンド　ユー　ノウ　イット　ターン　アラウンド
④ If you're happy and you know it, turn around.

　　　　イフ　ヨア　　ハッピー　アンド　ユー　ノウ　イット　タッチ　ヨア　　ノウズ
⑤ If you're happy and you know it, touch your nose.

しあわせなら手をたたこう

もし　しあわせを　かんじているなら　手を　たたこう

もし　しあわせを　かんじているなら　手を　たたこう

もし　しあわせを　かんじているなら

顔が　おしえてくれる

もし　しあわせを　かんじているなら　手を　たたこう

---

② もし　しあわせを　かんじているなら　足を　ふみならそう

③ もし　しあわせを　かんじているなら　うなずこう

④ もし　しあわせを　かんじているなら　くるっと　まわろう

⑤ もし　しあわせを　かんじているなら　鼻を　さわろう

10: Hokey Pokey
ホーキー・ポーキー

たくさんのお友だちと遊ぶときは、みんなで輪になって遊びます。ひとりのときは自分の前に輪があるつもりで、輪の中に身体の部分を入れて遊びます。身体を大きく動かしながら遊びましょう。「right hand ＝右手」「left hand ＝左手」「right foot ＝右足」「left foot ＝左足」「head ＝頭」「whole self ＝身体を全部」の身体の部分を覚えながら、目の前にある輪の中へ上手に入れてみましょう。

20
DVD
チャプターNo.

☆はじめに
全員で円になります。

Music by traditional

You put your right hand in. You put your right hand out. You put your right hand in, and you shake it all a-bout. You do the ho-key po-key, and you turn your-self a-round. That's what it's all a - - - bout.

(Repeat 6 times)

☆ 歌にあわせてやってみよう！ ☆

① ♪ You put your right hand in.

右手を円の中に入れ、

② ♪ You put your right hand out.

右手を円の中から出します。

③ ♪ You put your right hand in,

ふたたび、右手を円の中に入れ、

④ ♪ and you shake it all about.

手を大きく振りましょう。

⑤ ♪ You do the hokey pokey, and you turn yourself around.

両手を上下に振りながらその場で1回まわります。

⑥ ♪ That's what it's all about.

リズムに合わせて3回手拍子をします。

左手、右足、左足、頭、全身と、くり返します。

Hokey Pokey
ホーキー　ポーキー

You put your right hand in.　You put your right hand out.
ユー　プット　ヨア　ライト　ハンド　イン　　ユー　プット　ヨア　ライト　ハンド　アウト

You put your right hand in, and you shake it all about.
ユー　プット　ヨア　ライト　ハンド　イン　アンド　ユー　シェイク　イットオール　アバウト

You do the hokey pokey, and you turn yourself around.
ユー　ドゥー　ザ　ホーキー　ポーキー　アンド　ユー　ターン　ヨアセルフ　アラウンド

That's what it's all about.
ザッツ　ホワット　イッツ　オール　アバウト

2番以降、────はこのように歌詞をかえて歌おう！

② left hand　　　③ right foot　　　④ left foot
　　レフト　ハンド　　　　ライト　フット　　　　レフト　フット

⑤ head　　　⑥ whole self
　　ヘッド　　　　ホール　セルフ

ホーキー・ポーキー

みぎてを　いれて　みぎてを　だして

みぎてを　いれて　よくふって

ホーキー　ポーキーを　しながら　くるっと　まわろう

こんな　かんじさ

---
② ひだりて　　　③ みぎあし　　　④ ひだりあし

⑤ あたま　　　⑥ からだをぜんぶ

えいごであそぼう！②

したの5つのえいごは、ぜんぶがっきのなまえなんだ。
それぞれどのがっきのなまえかな？　しゃしんとせんでつないでね。

- Trumpet
- Piano
- Violin
- Recorder
- Guitar

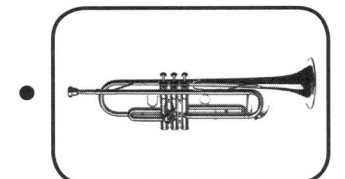

＊こたえは95ページだよ。

11：Jack And Jill
ジャックとジル

親指でジャックとジルを作って、丘を登ります。
途中で2人は転んで、丘から転がり落ちてしまいます。
リズムにのって楽しく遊びましょう。

Music by traditional

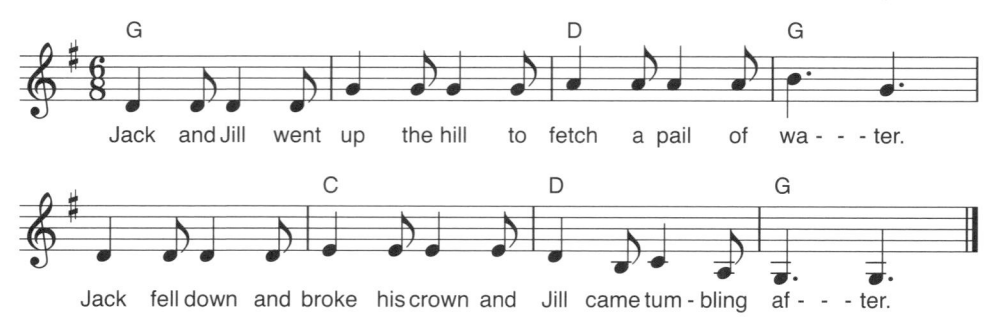

Jack and Jill went up the hill to fetch a pail of wa - - - ter.
Jack fell down and broke his crown and Jill came tum - bling af - - - ter.

☆ 歌にあわせてやってみよう！ ☆

★はじめに

両手の親指を立てます。
右手の親指がジャック、左手の親指がジル。

① ♪ Jack and Jill went up the hill to fetch a pail of water.

リズムに合わせて指を交互に上へ上げていき、丘を登っていくように動かします。

② ♪ Jack fell down and broke his crown and

右手の親指と手首を下に向け、
ジャックが転んだようにします。

③ ♪ Jill came tumbling after.

左手の親指と手首を下に向け、
ジルが丘から転がり落ちるように動かします。

Jack And Jill

Jack and Jill went up the hill to
fetch a pail of water.
Jack fell down and broke his crown and
Jill came tumbling after.

ジャックとジル

ジャック と ジルは おかを のぼって

バケツで みずを くみに いった

ジャックは ころんで あたまを うって

ジルも さかから ころがり おちた

12: John Brown's Baby
ジョン・ブラウンの赤ちゃん

ジョン・ブラウンさんの赤ちゃんが風邪をひいて咳をするので、
胸にお薬を塗ってあげましょう。
曲が進むにつれて歌う部分が少なくなり、振りが多くなっていきます。

24 DVD チャプターNo.

Music by traditional

John Brow-n's ba-by had a cold up-on its chest.
John Brow-n's ba-by had a cold up-on its chest.
John Brow-n's ba-by had a cold up-on its chest, so they
rubbed it with cam-phor-at-ed oil.

(Repeat 5 times)

☆ 歌にあわせてやってみよう！ ☆

1かいめの動作

1回目は全部通して歌います。

2かいめの動作 — John Brown's (baby) had a cold upon its chest.

曲を1回通して歌った後、2回目は「baby」を歌わないで赤ちゃんを抱いているように両手を左右に揺らします。

3かいめの動作 ♪ John Brown's (baby) had a (cold) upon its chest.

曲を2回くり返したら、3回目は「baby」を歌わないで両手を左右に揺らし、「cold」を歌わないで咳をするまねをします。

4かいめの動作 ♪ John Brown's (baby) had a (cold) upon its (chest).

4回目のくり返しは「baby」を歌わないで両手を左右に揺らし、「cold」を歌わないで咳をするまねをし、「chest」も歌わないで自分の手でむねをたたきます。

5かいめの動作 ♪ John Brown's (baby) had a (cold) upon its (chest), so they (rubbed) it with camphorated oil.

5回目は「baby」を歌わないで両手を左右に揺らし、「cold」を歌わないで咳をするまねをし、「chest」も歌わないで自分のむねをたたき、「rubbed」も歌わないで自分のむねに薬をぬる動作をします。

John Brown's Baby

John Brown's baby had a cold upon its chest.
John Brown's baby had a cold upon its chest.
John Brown's baby had a cold upon its chest,
so they rubbed it with camphorated oil.

ジョン・ブラウンの赤ちゃん

ジョン・ブラウンの　あかちゃんが　かぜ　ひいた

ジョン・ブラウンの　あかちゃんが　かぜ　ひいた

ジョン・ブラウンの　あかちゃんが　かぜ　ひいた

むねに　カンフルあぶらを　ぬって　あげた

13 : The Grand Old Duke Of York

偉大なデューク・オブ・ヨーク

兵隊さんになったつもりで、その場でリズムに合わせながら大きく足踏みをします。
全身を使いながら、「Up（上）」、「Down（下）」の単語を正しく覚えましょう。

DVD チャプターNo. 26

Music by traditional

Oh, the Grand Old Duke of York, he had ten thou-sand men. He marched them up to the top of the hill, and he marched them down a - - gain. And when they were up, they were up. And when they were down, they were down. And when they were on - ly half - way up, they were nei - ther up nor down.

☆ 歌にあわせてやってみよう！ ☆

① ♪ Oh, the Grand Old Duke of York,

曲に合わせてその場で足踏みをします。

② ♪ he had ten thousand men.

そのまま両手の指を10本立てます。
そのあとは足踏みのみに戻ります。

③ ♪ And when they were up, they were up.

「when」のときに両手を上に高く上げます。

④ ♪ And when they were down, they were down.

「when」のときに腰から曲げて両手で床を触ります。

⑤ ♪ And when they were only halfway up,

「halfway」のときに中腰になります。

⑥ ♪ they were neither up nor down.

「up」のときに両手を高く上げ、
「down」のときに両手で床を触ります。

The Grand Old Duke Of York

Oh, the Grand Old Duke of York,
he had ten thousand men.
He marched them up to the top of the hill,
and he marched them down again.

And when they were up, they were up.
And when they were down, they were down.
And when they were only halfway up,
they were neither up nor down.

偉大なデューク・オブ・ヨーク

いだいな　ヨークの　こうしゃくさまには

１まんにんの　へいたいさんが　いた

おかの　ちょうじょうまで　のぼらせて

おかの　ふもとまで　くだらせた

うえに　いるときは　うえにいて

したに　いるときは　したにいた

そして　おかの　とちゅうに　いるときは

うえでも　したでも　なかった

14：Old MacDonald Had A Farm
オールド　　マクドナルド　　　　　　ハッド　ア　ファーム

マクドナルドおじいさんの牧場

動物の鳴き声は日本語と英語ではとても違います。曲中では「牛（cows）＝ムー・ムー（moo moo）」「ニワトリ（chickens）＝クラック・クラック（cluck cluck）」「羊（sheep）＝バー・バー（baa baa）」「ブタ（pigs）＝オインク・オインク（oink oink）」「アヒル（ducks）＝クアック・クアック（quack quack）」が出てきます。動物のポーズをしながら歌うのも楽しいですね。

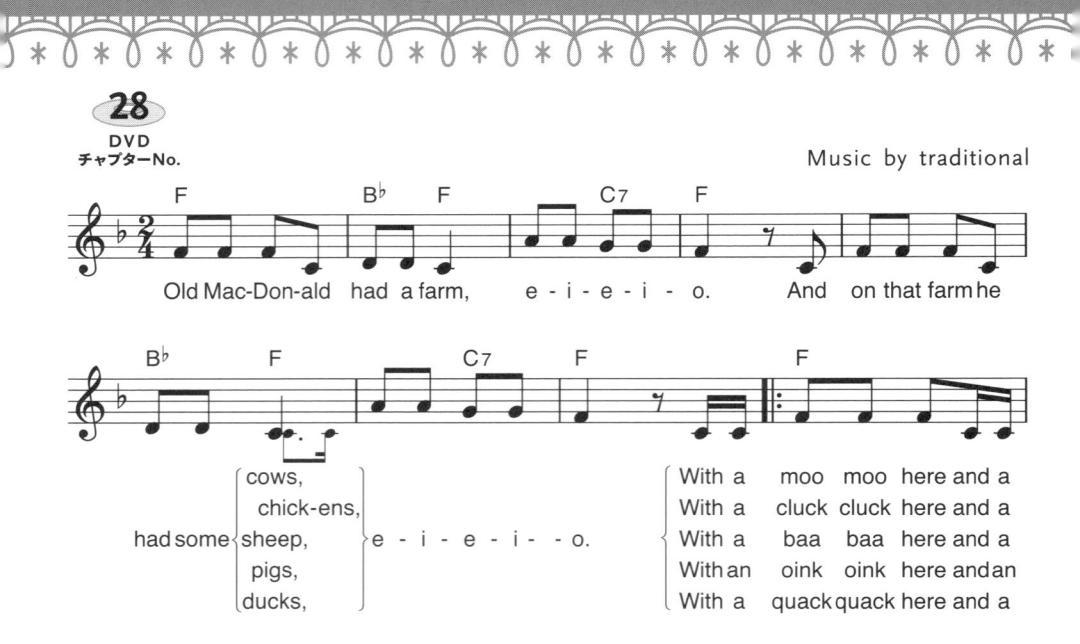

Music by traditional

Old Mac-Don-ald had a farm, e-i-e-i-o. And on that farm he

had some { cows, / chick-ens, / sheep, / pigs, / ducks, } e-i-e-i--o. { With a moo moo here and a / With a cluck cluck here and a / With a baa baa here and a / With an oink oink here and an / With a quack quack here and a }

moo moo there, here a moo, there a moo, eve-ry where a moo moo.
cluck cluck there, here a cluck, there a cluck, eve-ry where a cluck cluck.
baa baa there, here a baa, there a baa, eve-ry where a baa baa.
oink oink there, here an oink, there an oink, eve-ry where an oink oink.
quack quack there, here a quack, there a quack, eve-ry where a quack quack.

Old Mac-Don-ald had a farm, e-i-e-i---o.

D.C.
(Repeat 5 times)

☆ 歌にあわせてやってみよう！ ☆

moo moo — **cows**

baa baa — **sheep**

cluck cluck — **chickens**

oink oink — **pigs**

quack quack — **ducks**

英語で動物の鳴き声を覚えましょう。牛、ニワトリ、羊、ブタ、アヒル。
動物の鳴き声をしながら、動物のまねをするのもいいでしょう。

Old MacDonald Had A Farm

Old MacDonald had a farm, e-i-e-i-o.
And on that farm he had some cows, e-i-e-i-o.
　　　　　　　　　　　　　　　　　　　Ⓐ
With a moo moo here and a moo moo there,
　Ⓑ→
here a moo, there a moo, everywhere a moo moo.
Old MacDonald had a farm, e-i-e-i-o.

②番以降、Ⓐ・Ⓑはこのように歌詞をかえて歌おう！

Ⓐ
② chickens
③ sheep
④ pigs
⑤ ducks

Ⓑのあとに、前の番のⒷの部分を、さかのぼるようにくり返し歌い、①番のⒷまで歌ったら次に進みます。2回目からは最初の「a(an)」は歌いません。

[例]③番：a baa baa here ~ a baa baa. → cluck cluck here ~ a cluck cluck. → moo moo here~ a moo moo. → Old MacDonald had a farm, e-i-e-i-o. → ④番へ

Ⓑ
② (a) cluck cluck here and a cluck cluck there,
here a cluck, there a cluck, everywhere a cluck cluck.
③ (a) baa baa here and a baa baa there,
here a baa, there a baa, everywhere a baa baa.
④ (an) oink oink here and an oink oink there,
here an oink, there an oink, everywhere an oink oink.
⑤ (a) quack quack here and a quack quack there,
here a quack, there a quack, everywhere a quack quack.

＊ DVDや楽譜とあわせてご覧下さい。

マクドナルドおじいさんの牧場

マクドナルドおじいさんは　ぼくじょうをもっている　イー・アイ・イー・アイ・オウ

そのぼくじょうには　ウシがいるよ　イー・アイ・イー・アイ・オウ
　　　　　　　　　　Ⓐ

こっちで　モーモー　そっちで　モーモー
Ⓑ→

ここモー　そこモー　どこでも　モーモー

マクドナルドおじいさんは　ぼくじょうをもっている　イー・アイ・イー・アイ・オウ

Ⓐ
- ② ニワトリ
- ③ ヒツジ
- ④ ブタ
- ⑤ アヒル

Ⓑ
- ② こっちで　コッコー　そっちで　コッコー
  ここコッ　そこコッ　どこでも　コッコー
- ③ こっちで　メーメー　そっちで　メーメー
  ここメー　そこメー　どこでも　メーメー
- ④ こっちで　ブーブー　そっちで　ブーブー
  ここブー　そこブー　どこでも　ブーブー
- ⑤ こっちで　ガーガー　そっちで　ガーガー
  ここガー　そこガー　どこでも　ガーガー

15：Where Is Thumbkin?
ホウェア　イズ　サムキン
おやゆびくんは どこ？

両手の親指だけを使って遊べる歌です。親指「thumb」の「th」の発音に気をつけながら、親指と親指が会話をしているように歌いましょう。
「How are you today?（今日はご機嫌いかがですか？）」「Very well, I thank you.（とてもいいです、ありがとう）」などの簡単な挨拶の練習ができます。

30 DVD チャプターNo.

Music by traditional

Where is Thumb-kin? Where is Thumb-kin? Here I am, here I am.
How are you to-day, Sir? Ve-ry well, I thank you. Run a-way, run a-way.

☆ 歌にあわせてやってみよう！ ☆

★はじめに

右手は背中の後ろにかくし、
左手の親指だけ体の前に立てておきます。

① ♪ Where is Thumbkin?
　　 Where is Thumbkin?

左手の親指が質問をしている動作をします。

② ♪ Here I am, here I am.

右手の親指を体の前に出し、
答えている動作をします。

③ ♪ How are you today, Sir?

左手の親指が右手の親指に質問します。

④ ♪ Very well, I thank you.

右手の親指が答えます。

⑤ ♪ Run away, run away.

最初の「Run away」で右手を、
2回目の「run away」で左手を
背中の後ろに隠します。

Where Is Thumbkin?

Where is Thumbkin?　Where is Thumbkin?

Here I am, here I am.

How are you today, Sir?　Very well, I thank you.

Run away, run away.

おやゆびくんは どこ？

おやゆびくんは　どこ？　　おやゆびくんは　どこ？

ここだよ　ここだよ

きょうは　ごきげん　いかがですか？　　とても　いいです　ありがとう

にげましょう　にげましょう

16：Pat-A-Cake, Pat-A-Cake
ペッタン・ペッタン・パンやさん

ケーキの生地をパタパタとたたき、突っついて「B」の文字を書き、オーブンで焼きます。
この曲は「P」と「B」から始まる言葉がたくさんでてきます。
ケーキの生地をパタパタと楽しくたたきながら、正しい発音を身につけましょう。

32 DVD チャプターNo.

Music by traditional

Pat-a-cake, pat-a-cake, bak-er's man. Bake me a cake - as fast as you can.
Pat it and prick it, and mark it with B. Put it in the ov-en for ba-by and me.

☆ 歌にあわせてやってみよう！ ☆

① ♪ Pat-a-cake, pat-a-cake, baker's man.

リズムに合わせて手をたたきます。

② ♪ Bake me a cake as fast as you can.

パンの生地をスプーンで混ぜるまねをします。

③ ♪ Pat it

パンの生地をたたくまねをします。

④ ♪ and prick it,

パンの生地をつつきます。

⑤ ♪ and mark it with B.

Bの字を指で書きます。

⑥ ♪ Put it in the oven for baby and me.

ケーキをオーブンに入れるまねをします。

Pat-A-Cake, Pat-A-Cake

Pat-a-cake, pat-a-cake, baker's man.
Bake me a cake as fast as you can.
Pat it and prick it, and mark it with B.
Put it in the oven for baby and me.

ペッタン・ペッタン・パンやさん

ペッタン　ペッタン　パンやさん

できるだけ　はやく　ケーキを　やいて

かるくたたいて　つついて　「B」のじを　かいて

あかちゃんと　わたしの　ために　オーブンで　やいて

17: Ten Little Monkeys
テン　リトル　マンキーズ
10匹のおさるさん

「おさるさんは何匹いますか？」「1・2・3・4・5・6・7・8・9・10」と数えていきます。
今度は反対に「10・9・8・7・6・5・4・3・2・1」と数えていきます。
指を立てながら、おさるさんの数を数えて、楽しく英語で数字を覚えましょう。

34 DVDチャプターNo.

Music by traditional

One lit-tle, two lit-tle, three lit-tle mon-keys. Four lit-tle, five lit-tle, six lit-tle mon-keys. Seven lit-tle, eight lit-tle, nine lit-tle mon-keys. Ten lit-tle mon-key boys.

Ten lit-tle, nine lit-tle, eight lit-tle mon-keys. Seven lit-tle, six lit-tle, five lit-tle mon-keys. Four lit-tle, three lit-tle, two lit-tle mon-keys. One lit-tle mon-key boy.

☆ 歌にあわせてやってみよう！ ☆

1ばん ♪ One little, two little, three little … Ten little monkey boys.

おさるさんの数に合わせ、1から10まで立てる指を増やします。

2ばん ♪ Ten little, nine little, eight little … One little monkey boy.

おさるさんの数に合わせ、10から1まで立てる指を減らします。

Ten Little Monkeys

1) One little, two little, three little monkeys.
   Four little, five little, six little monkeys.
   Seven little, eight little, nine little monkeys.
   Ten little monkey boys.

2) Ten little, nine little, eight little monkeys.
   Seven little, six little, five little monkeys.
   Four little, three little, two little monkeys.
   One little monkey boy.

10匹のおさるさん

1) 1匹　2匹　3匹の　おさるさん

　　4匹　5匹　6匹の　おさるさん

　　7匹　8匹　9匹の　おさるさん

　　10匹の　おさるさんの　男の子

2) 10匹　9匹　8匹の　おさるさん

　　7匹　6匹　5匹の　おさるさん

　　4匹　3匹　2匹の　おさるさん

　　1匹の　おさるさんの　男の子

18 : Row, Row, Row Your Boat
ロウ　ロウ　ロウ　ヨア　ボウト
こげ こげ ボート

床に座って歌いながらリズムに合わせて、ボートを漕ぎます。お友達と遊ぶときは、足の裏と足の裏をくっつけてお互い手を取り、リズムに合わせながら前後に揺れます。「Row, Row, Row」の「R」の発音に注意しましょう。

36
DVD
チャプターNo.

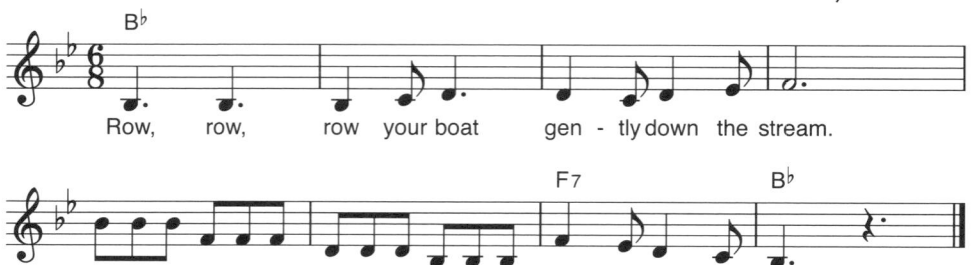

Music by traditional

Row, row, row your boat gen-tly down the stream.
Mer-ri-ly, mer-ri-ly, mer-ri-ly, mer-ri-ly, life is but a dream.

☆ 歌にあわせてやってみよう！ ☆

1人の場合

床に座って、リズムに合わせて
ボートをこぐようにし、これをくり返します。

お友達と2人で遊ぶ場合

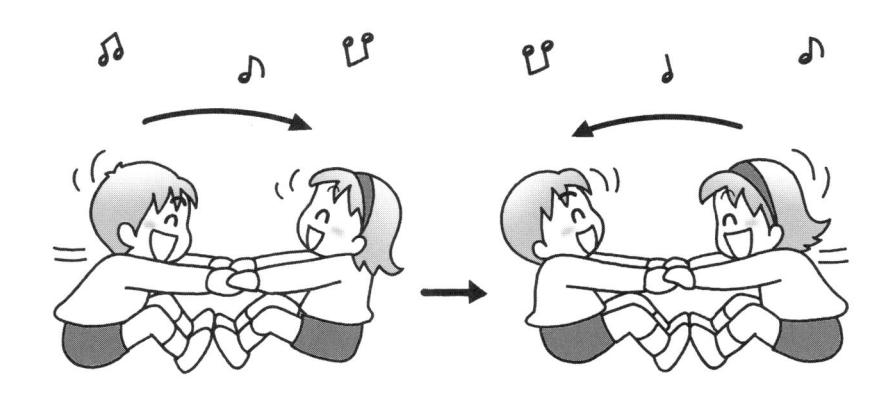

お友達と遊ぶ場合は2人一組になり、両足の裏を合わせて手をつなぎます。
リズムに合わせて前後に揺れます。

Row, Row, Row Your Boat
ロウ　ロウ　ロウ　ヨア　ボウト

Row, row, row your boat
ロウ　ロウ　ロウ　ヨア　ボウト

gently down the stream.
ジェントゥリ　ダウン　ザ　ストゥリーム

Merrily, merrily, merrily, merrily,
メリリー　メリリー　メリリー　メリリー

life is but a dream.
ライフ　イズ　バット　ア　ドゥリーム

こげ こげ ボート

こげ　こげ　ボートを　こげ

ゆっくりと　かわを　くだりましょう

たのしく　たのしく　たのしく　たのしく

じんせいは　ゆめの　ようだ

19: Twinkle, Twinkle Little Star
キラキラ星

日本でも親しまれている「キラキラ星」です。星の輝きの美しさを、
「like a diamond in the sky!（そらのダイアモンドのように！）」と表しています。
両手を開いたり、閉じたりしながら、
空に星がキラキラと光っている様子をイメージして歌いましょう。

38 DVDチャプターNo.

Music by traditional

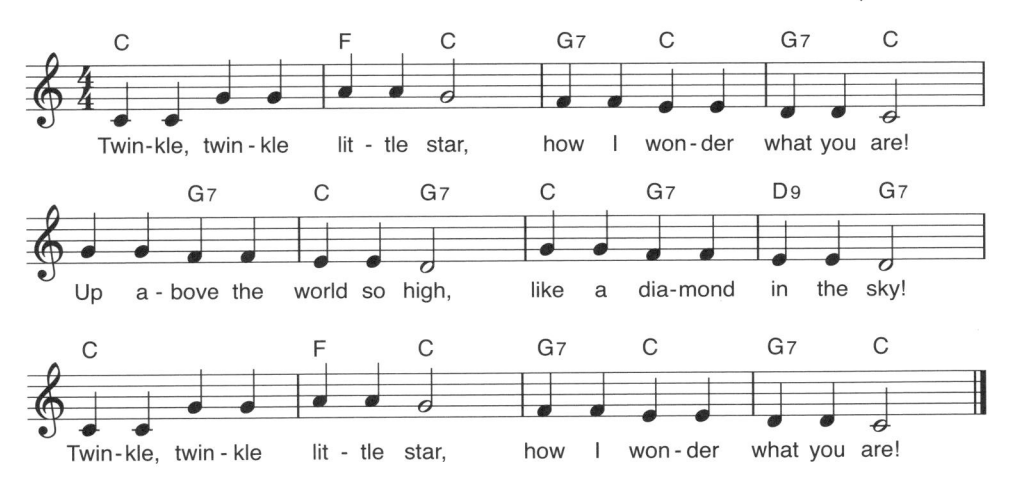

Twin-kle, twin-kle lit-tle star, how I won-der what you are!
Up a-bove the world so high, like a dia-mond in the sky!
Twin-kle, twin-kle lit-tle star, how I won-der what you are!

☆ 歌にあわせてやってみよう！ ☆

① ♪ Twinkle, twinkle little star, how I wonder what you are!

両手を肩の高さまで上げ、手を開いたり閉じたりしながら、キラキラと光る星のようにします。

② ♪ Up above the world so high,

両手を頭の上に上げ、腕を左右に動かしながら、手を開いたり閉じたりします。

③ ♪ like a diamond in the sky!

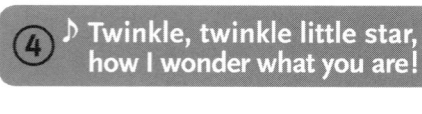

両手の指を合わせて、ダイヤの形を作ります。

④ ♪ Twinkle, twinkle little star, how I wonder what you are!

両手を肩の高さまで上げ、手を開いたり閉じたりしながら、キラキラと光る星のようにします。

Twinkle, Twinkle Little Star

Twinkle, twinkle little star,
how I wonder what you are!
Up above the world so high,
like a diamond in the sky!
Twinkle, twinkle little star,
how I wonder what you are!

キラキラ星

きらきら　きらめく　ちいさなほし

あなたは　いったい　なにかしら！

ちきゅうの　はるか　たかい　ところで

そらの　ダイアモンドの　ように！

きらきら　きらめく　ちいさなほし

あなたは　いったい　なにかしら！

20: Polly, Put The Kettle On
ポリー、やかんをかけて

一緒にお茶を飲みましょう。「Polly, put the kettle on.（ポリー、やかんをかけて）」、「Suki, take it off again.（スーキー、やかんをおろして）」と歌いながら、リズムに合わせて、やかんをかけたり、おろしたりするまねをしましょう。

Music by traditional

Pol - ly, put the ket - tle on. Pol - ly, put the ket - tle on.
Pol - ly, put the ket - tle on. We'll all have tea.
Su - ki, take it off a - gain. Su - ki, take it off a - gain.
Su - ki, take it off a - gain. They've all gone a - way.

☆ 歌にあわせてやってみよう！ ☆

実際のやかんを使って遊んでもいいでしょう。

① ♪ Polly, put the kettle on.

「Polly」で腰の横でやかんを握り、「Kettle」でその手を前に出しやかんを火にかけるまねをします。

② ♪ We'll all have tea.

右手でカップを持ち、お茶を飲むまねをします。

③ ♪ Suki, take it off again.

「Suki」で前にあるやかんを握り、「off」でその手を腰の横に引きやかんを火からおろすまねをします。

④ ♪ They've all gone away.

手をバイバイとふります。

Polly, Put The Kettle On

Polly, put the kettle on. Polly, put the kettle on.

Polly, put the kettle on. We'll all have tea.

Suki, take it off again. Suki, take it off again.

Suki, take it off again. They've all gone away.

ポリー、やかんをかけて

ポリー、やかんを　かけて　　ポリー、やかんを　かけて

ポリー、やかんを　かけて　　みんなで　おちゃを　のみましょう

スーキー、やかんを　おろして　　スーキー、やかんを　おろして

スーキー、やかんを　おろして　　みんな　かえったよ

えいごであそぼう！③

したの５つのえいごは、ぜんぶどうぶつのなきごえなんだ。
それぞれどのどうぶつかな？　え と せん でつないでね。

- cluck cluck
- oink oink
- moo moo
- baa baa
- quack quack

＊こたえは 95 ページだよ。

21：One, Two, Three, Four, Five!
いち に さん し ご！

「1・2・3・4・5・6・7・8・9・10」と指を立てながら、
1から10までの数字を覚えるきっかけになるあそびうたです。
「どうして捕まえたお魚を放してあげたのかな？」と、歌う前に子どもたちに問いかけると、
好奇心がわいてより楽しめることでしょう。

42 DVD チャプターNo.

Music by traditional

One, two, three, four, five, once I caught a fish a-live.
Six, seven, eight, nine, ten, then I let it go a-gain.
Why did you let it go? Because it bit my fin-ger so.
Which fin-ger did it bite? This lit-tle fin-ger on the right.

☆ 歌にあわせてやってみよう！ ☆

① ♪ One, two, three, four, five,

数字に合わせて立てる指を増やしましょう。

② ♪ Six, seven, eight, nine, ten,

数字に合わせて立てる指を増やしましょう。

③ ♪ Why did you let it go?

両手を広げて、「どうして捕まえたお魚を放してあげたの？」と問いかける気持ちを表します。

④ ♪ Because it bit my finger so.

左手の指を魚の口に見立てて右手の小指を挟みます。

⑤ ♪ Which finger did it bite?

両手を広げて、「どの指を噛まれたの？」と問いかける気持ちを表します。

⑥ ♪ This little finger on the right.

右手の小指を立てます。

One, Two, Three, Four, Five!

One, two, three, four, five, once I caught a fish alive.
Six, seven, eight, nine, ten, then I let it go again.

Why did you let it go? Because it bit my finger so.
Which finger did it bite? This little finger on the right.

いち に さん し ご！

いち に さん し ご　　　むかし さかなを つかまえたよ
ろく なな はち きゅう じゅう　　でも はなして あげた

どうして はなして あげたの？　　だって、ゆびを かまれたから
どの ゆびを かまれたの？　　この みぎての こゆび だよ

えいごであそぼう！④

したの 5 つのえいごは、みぎのどうぶつのなまえをあらわしているよ。
それぞれどのどうぶつかな？　しゃしんとせんでつないでね。

- Cat
- Dog
- Horse
- Bear
- Rabbit

＊こたえは 95 ページだよ。

22 : Five Little Ducks
(ファイブ　リトル　ダックス)

5匹のアヒル

5匹の赤ちゃんアヒルが丘を越えて、遠くにお出かけをします。赤ちゃんアヒルが1匹ずつ減ってしまうあそびうたです。でも、大丈夫！　最後にお母さんアヒルが、「Quack, quack, quack, quack」と鳴くと、5匹の赤ちゃんアヒルはちゃんと戻ってくる、というストーリーです。赤ちゃんアヒルがいなくなったところで、悲しそうな表情で歌うといいでしょう。

44
DVD
チャプターNo.

Music by traditional

1. Five little ducks went out one day,
2. Four little ducks went out one day,
3. Three little ducks went out one day,
4. Two little ducks went out one day,
5. One little duck went out one day,
6. Poor mother duck went out one day,

o-ver the hills and far a-way.

Mother duck said, "Quack, quack, quack, quack,"

but on-ly four lit-tle ducks came back.
but on-ly three lit-tle ducks came back.
but on-ly two lit-tle ducks came back.
but on-ly one lit-tle duck came back.
but none of the five lit-tle ducks came back.
and all of the five lit-tle ducks came back.

(Repeat 6 times)

☆ 歌にあわせてやってみよう！ ☆

① ♪ Five little ducks went out one day,

5、4、3、2、1と数字に合わせて指を立てます。

6ばんのとき
♪ Poor mother duck went out one day,

母さんアヒルの悲しい気持ちを泣く動作であらわします。

② ♪ over the hills and

右手で丘を越える動作をします。

③ ♪ far away.

両手を外に広げて、遠くに行った動作をします。

④ ♪ Mother duck said, "Quack, quack, quack, quack,"

quack quack quack quack

右手でアヒルのくちばしを作り、「quack」のときにアヒルのお母さんが鳴いているように指を動かします。

⑤ ♪ but only four little ducks came back.

4、3、2、1と戻ってきたアヒルの数字に合わせて指を立てます。アヒルが戻ってこない時は悲しそうに頭を左右に振り、手でゼロを作ります。

Five Little Ducks

1) Five little ducks went out one day,
   * [over the hills and far away.
       Mother duck said, "Quack, quack, quack, quack,"
   but only four little ducks came back.

2) Four little ducks went out one day,
   *くりかえし
   but only three little ducks came back.

3) Three little ducks went out one day,
   *くりかえし
   but only two little ducks came back.

4) Two little ducks went out one day,
   *くりかえし
   but only one little duck came back.

5) One little duck went out one day,
   *くりかえし
   but none of the five little ducks came back.

6) Poor mother duck went out one day,
   *くりかえし
   and all of the five little ducks came back.

5匹のアヒル

1）5匹の　赤ちゃん　アヒルが　おでかけを　した
＊⎡おかを　こえて　とても　遠く
　⎣アヒルの　おかあさんが　「ガー　ガー　ガー　ガー」と　ないても
　　4匹しか　赤ちゃん　アヒルが　かえって　こなかった

2）4匹の　赤ちゃん　アヒルが　おでかけを　した
　　＊くりかえし
　　3匹しか　赤ちゃん　アヒルが　かえって　こなかった

3）3匹の　赤ちゃん　アヒルが　おでかけを　した
　　＊くりかえし
　　2匹しか　赤ちゃん　アヒルが　かえって　こなかった

4）2匹の　赤ちゃん　アヒルが　おでかけを　した
　　＊くりかえし
　　1匹しか　赤ちゃん　アヒルが　かえって　こなかった

5）1匹の　赤ちゃん　アヒルが　おでかけを　した
　　＊くりかえし
　　赤ちゃん　アヒルは　かえって　こなかった

6）かわいそうな　おかあさん　アヒルが　おでかけを　した
　　おかを　こえて　とても　とおく
　　アヒルの　おかあさんが　「ガー　ガー　ガー　ガー」と　ないたら
　　5匹の　赤ちゃん　アヒルが　かえって　きた

23：One Potato Two Potato
じゃがいも1つ2つ

両手でこぶしを作り、リズムに合わせながらこぶしをどんどん重ねていく、
シンプルな動きのくり返しが楽しいあそびうたです。
楽しくリズムに合わせて遊びましょう。

46 DVDチャプターNo.

Words by traditional

One po - - ta - - - to, two po - - ta - - - to,
three po - ta - - to, four._____ Five po - ta - - to,
six po - ta - - to, seven po - ta - - to, more!_____

☆ 歌にあわせてやってみよう！ ☆

① ♪ One potato,

左手を握ってじゃがいもに見立て、前に出します。

② ♪ two potato,

握った右手を左手の上に重ねます。

③ ♪ three potato,

左手を抜き、右手の上に重ねます。

④ ♪ four.

ふたたび右手を抜いて左手の上に重ねます。

⑤ ♪ Five potato, six potato, seven potato,

下の左手のこぶしからまた順番に３回上に重ねます。

⑥ ♪ more!

両手を上にあげましょう。

One Potato Two Potato

One potato, two potato,

three potato, four.

Five potato, six potato,

seven potato, more!

じゃがいも１つ２つ

じゃがいも１つ、２つ

３つ、４つ

じゃがいも５つ、６つ

７つ、もっと！

えいごであそぼう！⑤

したの５つのえいごは、みぎのもののなまえをあらわしているよ。
それぞれどのなまえかな？　しゃしんとせんでつないでね。

- **Books** •
- **Cake** •
- **Flowers** •
- **Robot** •
- **Santa Claus** •

＊こたえは 95 ページだよ。

24：A Sailor Went To Sea
(ア　セーラー　ウェント　トゥー　スィー)

ふなのりさんが海に行ったよ

船に乗ったつもりで、船乗りさんごっこをしましょう。「sea」海／「see」見る／「chop」刻む／「knee」膝／「foot」足。お友だちと向き合って2人で遊ぶと楽しい歌です。慣れたら歌うテンポ（スピード）を速くしてみましょう。

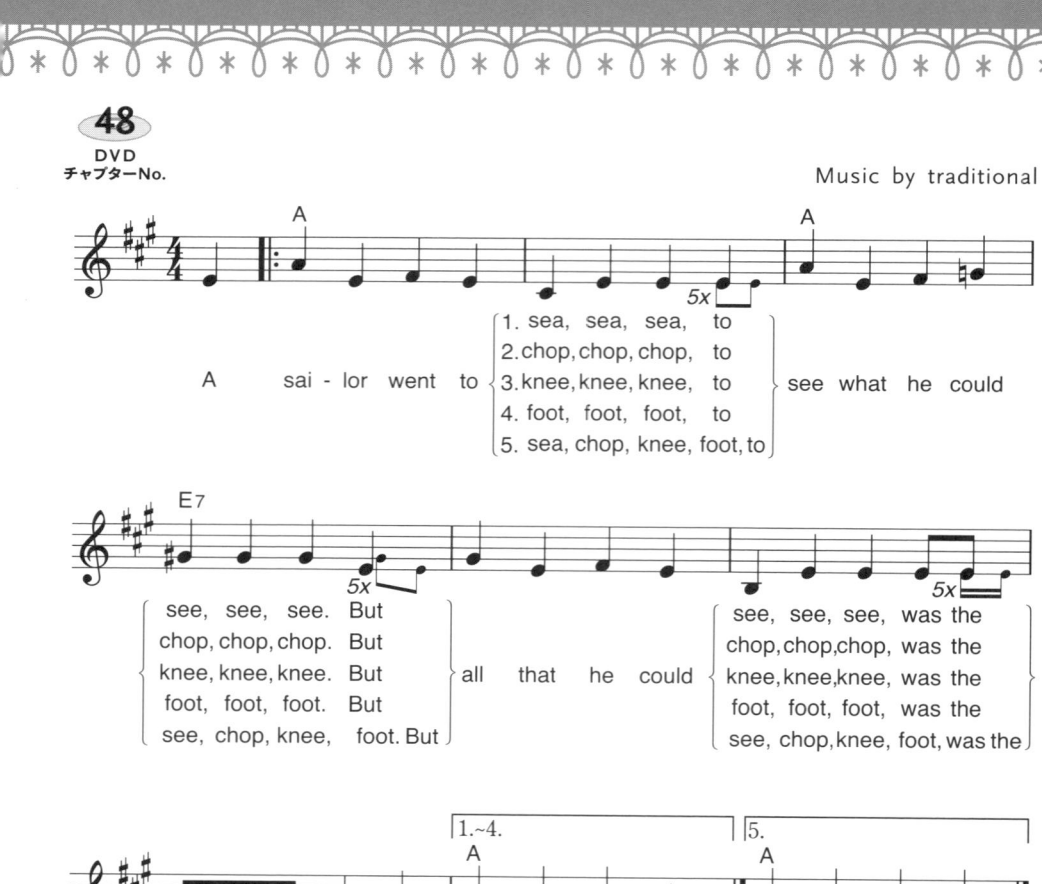

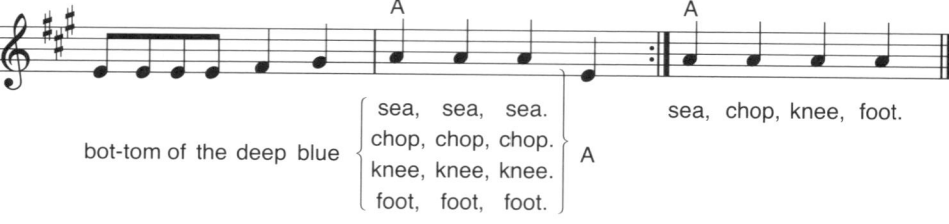

48 DVDチャプターNo.

Music by traditional

A sai-lor went to
1. sea, sea, sea, to
2. chop, chop, chop, to
3. knee, knee, knee, to
4. foot, foot, foot, to
5. sea, chop, knee, foot, to

see what he could

see, see, see. But
chop, chop, chop. But
knee, knee, knee. But
foot, foot, foot. But
see, chop, knee, foot. But

all that he could

see, see, see, was the
chop, chop, chop, was the
knee, knee, knee, was the
foot, foot, foot, was the
see, chop, knee, foot, was the

bot-tom of the deep blue

1.~4.
sea, sea, sea.
chop, chop, chop.
knee, knee, knee.
foot, foot, foot.
A

5.
sea, chop, knee, foot.

☆ 歌にあわせてやってみよう！ ☆

1 ばん　♪ A sailor went to sea, sea, sea ～

A　　sai-　　lor　　went　　to　　sea (see), sea (see), sea (see)

リズムに合わせて、
「拍手→右手を出す→拍手→左手を出す→拍手→敬礼×３回（sea,sea,sea）」をくり返します。

2 ばん　♪ chop, chop, chop

１番の「sea」の部分を「chop」にかえて歌い、
右手を包丁のようにして３つに切る動作をします。

3 ばん　♪ knee, knee, knee

次は「knee」にかえて歌い、
右手でひざを３回たたきます。

4 ばん　♪ foot, foot, foot

次は「foot」にかえて歌い、
後ろに曲げた右足を右手で３回さわります。

5 ばん　♪ sea (see), chop, knee, foot

次は「sea(see), chop, knee, foot」にかえて歌い、
それぞれの動作を１回ずつ行います。

A Sailor Went To Sea

1) A sailor went to sea, sea, sea,
   to see what he could see, see, see.
   But all that he could see, see, see,
   was the bottom of the deep blue sea, sea, sea.

2) A sailor went to chop, chop, chop,
   to see what he could chop, chop, chop.
   But all that he could chop, chop, chop,
   was the bottom of the deep blue chop, chop, chop.

3) A sailor went to knee, knee, knee,
   to see what he could knee, knee, knee.
   But all that he could knee, knee, knee,
   was the bottom of the deep blue knee, knee, knee.

4) A sailor went to foot, foot, foot,
   to see what he could foot, foot, foot.
   But all that he could foot, foot, foot,
   was the bottom of the deep blue foot, foot, foot.

5) A sailor went to sea, chop, knee, foot,
   to see what he could see, chop, knee, foot.
   But all that he could see, chop, knee, foot,
   was the bottom of the deep blue sea, chop, knee, foot.

ふなのりさんが海に行ったよ

1) ふなのりさんが　行ったよ　海　海　海
　　なにかを　みつけに　みつけに　みつけに
　　でも　けっきょく　みつけた　みつけた　みつけた　ものは
　　ふかい　青い　海の底　だけだった　海　海　海

2) ふなのりさんが　行ったよ　切りに　切りに　切りに
　　なにかを　切りに　切りに　切りに
　　でも　けっきょく　切れた　切れた　切れた　ものは
　　ふかい　青い　海の底　だけだった　切る　切る　切る

3) ふなのりさんが　行ったよ　ひざ　ひざ　ひざ
　　なにかを　ひざ　ひざ　ひざ
　　でも　けっきょく　ひざ　ひざ　ひざ　したものは
　　ふかい　青い　海の底　だけだった　ひざ　ひざ　ひざ

4) ふなのりさんが　行ったよ　足　足　足
　　なにかを　足　足　足
　　でも　けっきょく　足　足　足　したものは
　　ふかい　青い　海の底　だけだった　足　足　足

5) ふなのりさんが　行ったよ　海　切りに　ひざ　足
　　なにかを　みつけに　切りに　ひざ　足
　　でも　けっきょく　みつけた　切れた　ひざ　足　ものは
　　ふかい　青い　海の底　だけだった　海　切る　ひざ　足

25: Teddy Bear, Teddy Bear
テディ・ベア

かわいいクマさん、テディ・ベアに「turn around ＝くるっとまわって」
「touch the ground ＝床を触って」「show your shoe ＝靴の裏を見せて」
「I love you ＝大好きよ」と、呼びかける歌です。
テディ・ベアになったつもりで、歌詞に合わせて身体を動かしましょう。

50 DVDチャプターNo.

Music by traditional

C
Ted - dy Bear, Ted - dy Bear, turn a - - - round,

Dm7　　　　　　　　　　　　　　　G7
Ted - dy Bear, Ted - dy Bear, touch the ground.

C
Ted - dy Bear, Ted - dy Bear, show your shoe,

Dm7　　　　G7　　　　C
Ted - dy Bear, Ted - dy Bear, I love you.

☆ 歌にあわせてやってみよう！ ☆

① ♪ Teddy Bear, Teddy Bear, turn around,

「turn around」でくるっと一回まわります。

② ♪ Teddy Bear, Teddy Bear, touch the ground.

「touch the ground」で腰をおとして、両手で地面を触ります。

③ ♪ Teddy Bear, Teddy Bear, show your shoe,

「show your shoe」で右足を曲げ、左手でさわります。

④ ♪ Teddy Bear, Teddy Bear, I love you.

「I」で左手を右肩へ、「love」で右手を右肩へまわして自分の体を抱きしめ、「you」で体を左へ少し傾けます。

縄跳びをしながらでも遊べます。2人が縄を持って回し、中に入る子は縄を飛びながら上の動作をします。失敗したら縄を持っている子と交代します。

Teddy Bear, Teddy Bear

Teddy Bear, Teddy Bear, turn around,

Teddy Bear, Teddy Bear, touch the ground.

Teddy Bear, Teddy Bear, show your shoe,

Teddy Bear, Teddy Bear, I love you.

テディ・ベア

くまさん　くまさん　くるっと　まわって

くまさん　くまさん　ゆかを　さわって

くまさん　くまさん　くつを　みせて

くまさん　くまさん　だいすきだよ

えいごであそぼう！ こたえ

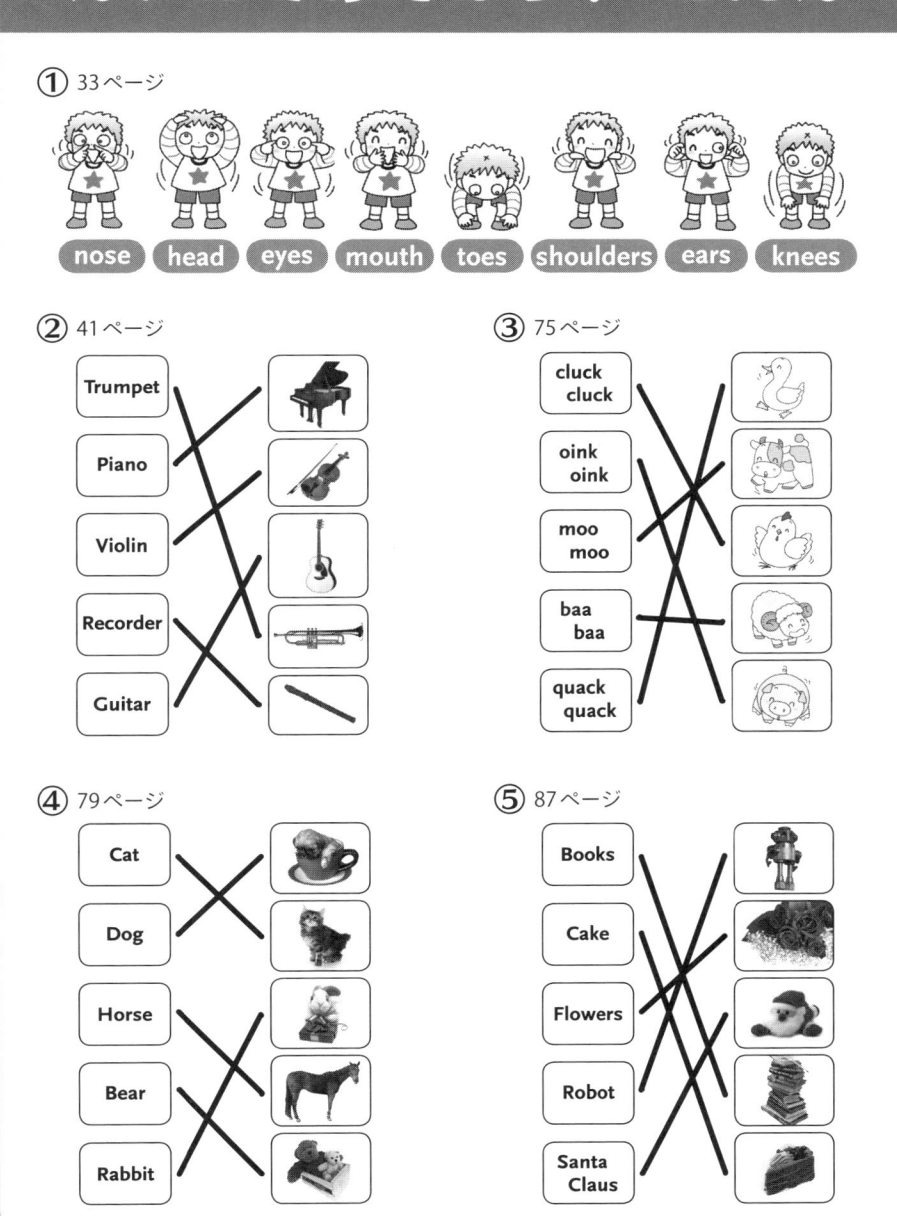

① 33ページ

nose / head / eyes / mouth / toes / shoulders / ears / knees

② 41ページ

- Trumpet
- Piano
- Violin
- Recorder
- Guitar

③ 75ページ

- cluck cluck
- oink oink
- moo moo
- baa baa
- quack quack

④ 79ページ

- Cat
- Dog
- Horse
- Bear
- Rabbit

⑤ 87ページ

- Books
- Cake
- Flowers
- Robot
- Santa Claus

26 : This Old Man
ディス・オールド・マン

曲のリズムと言葉の響きを楽しむ歌です。歌そのものの意味は、あまりありません。「one と thumb（親指）」「two と shoe（靴）」「three と knee（膝）」などのように、数字と似た言葉の響きを楽しんでリズムに合わせて歌ってください。

Music by traditional

1. This old man, he played one, he played knick-knack on my thumb, with a knick-knack pad-dy-whack give a dog a bone, this old man came roll-ing home.
2. This old man, he played two, he played knick-knack on my shoe, with a knick-knack pad-dy-whack give a dog a bone, this old man came roll-ing home.
3. This old man, he played three, he played knick-knack on my knee, with a knick-knack pad-dy-whack give a dog a bone, this old man came roll-ing home.

(Repeat 3 times)

☆ 歌にあわせてやってみよう！ ☆

① ♪ This old man, he played one,

数に合わせて指を立てましょう。

② ♪ he played knick-knack on my thumb,

「thumb」のとき親指を立てます。

2ばん on my shoe

靴を指します。

3ばん on my knee

膝を指します。

③ ♪ with a knick-knack paddy whack

「knick-knack」で両手でひざを2回たたき、「paddy whack」で両手を2回たたきます。

④ ♪ give a dog a bone,

「bone」で犬に骨をあげるように両手を差し出します。

⑤ ♪ this old man came rolling home.

「rolling home」のときに両腕を胸の前でぐるぐる回します。

This Old Man

1) This old man, he played one,
   he played knick-knack on my thumb,
   with a knick-knack paddy whack give a dog a bone,
   this old man came rolling home.

2) This old man, he played two,
   he played knick-knack on my shoe,
   with a knick-knack paddy whack give a dog a bone,
   this old man came rolling home.

3) This old man, he played three,
   he played knick-knack on my knee,
   with a knick-knack paddy whack give a dog a bone,
   this old man came rolling home.

knick-knack …… 小物
paddy whack …… おしり (paddy) をたたく (whack) こと

ディス・オールド・マン

1）おじいさんと　すうじの１

　　ぼくの　おやゆびで　あそんだよ

　　あそんで　たたいて　いぬに　ほねを

　　おじいさんは　ころがりながら　かえったよ

2）おじいさんと　すうじの２

　　ぼくの　くつで　あそんだよ

　　あそんで　たたいて　いぬに　ほねを

　　おじいさんは　ころがりながら　かえったよ

3）おじいさんと　すうじの３

　　ぼくの　ひざで　あそんだよ

　　あそんで　たたいて　いぬに　ほねを

　　おじいさんは　ころがりながら　かえったよ

27：Rock-A-Bye Baby
ロック　ア　バイ　ベイビー

ねんねん赤ちゃん

子守唄です。お子さまには、ぬいぐるみや人形を赤ちゃんのかわりに、
ゆりかごに乗らせて揺らす振りをしながら歌うといいでしょう。
簡単な動作をくり返すあそびうたです。

54 DVD チャプターNo.

Music by traditional

Rock - - - a-bye ba - - - by, on the tree - top,

when the wind blows, the cra - dle will rock.

When the bough breaks, the cra - dle will fall, and

down will come ba - - - by, cra - dle and all.

☆ 歌にあわせてやってみよう！ ☆

★はじめに

両手で赤ちゃんを抱えるようにします。

| ① ♪ Rock-a-bye | ② ♪ baby... |

両手を揺りかごのようにメロディーに合わせてゆっくり左右に動かします。
これを最後までくり返します。

Rock-A-Bye Baby

Rock-a-bye baby, on the tree top,
when the wind blows, the cradle will rock.
When the bough breaks, the cradle will fall,
and down will come baby, cradle and all.

ねんねん赤ちゃん

きの　うえで　ゆられる　あかちゃん

かぜが　ふくと　ゆりかごが　ゆれるでしょう

きのえだが　おれたら　ゆりかごが　おち

あかちゃんは　ゆりかごと　おりて　くるでしょう

28：Sing A Song Of Sixpence
スィング　ア　ソング　オブ　スィックスペンス
6ペンスのうた

歌詞に合わせてストーリーが展開するあそびうたです。
王様に差し上げたパイを開くと、「blackbirds」＝黒い鳥が、たくさん飛び出します。
両手で鳥のくちばしを作って動きを楽しみましょう。

56 DVDチャプターNo.

Music by traditional

Sing a song of six-pence, a pock-et full of rye.
Four and twen-ty black-birds baked in a pie.
When the pie was o-pened, the birds be-gan to sing.
Was-n't that a dain-ty dish to set be-fore the King?

☆ 歌にあわせてやってみよう！ ☆

① ♪ Sing a song of sixpence,

sixpence

「sixpence」のときに6本指を立てます。

② ♪ a pocket full of rye.

ポケットに右手を入れます。

③ ♪ the birds began to sing. Wasn't that a dainty dish

両手を閉じたり開いたりしながら
鳥がさえずる動作をします。

④ ♪ to set before the King?

king

右腕をお腹の前に置いて、
「King」のときにおじぎをします。

Sing A Song Of Sixpence

Sing a song of sixpence, a pocket full of rye.
Four and twenty blackbirds baked in a pie.
When the pie was opened, the birds began to sing.
Wasn't that a dainty dish to set before the King?

６ペンスのうた

６ペンスの うたを うたおう　ポケット いっぱいの ライむぎだよ

パイの なかに 24わの くろいとりが つめられて

パイが ひらかれた ときに うたいだした

おうさまに ふさわしい おしゃれな おりょうりだと おもわない？

29: This Little Pig Went To Market
こぶたさんがお買いものに

赤ちゃんの足の指を使って遊ぶことが多い歌ですが、手のひら（手の指）を使って遊ぶこともできます。親指から小指まで順に握りながら、最後は、手のひらから、ひじまで、くすぐって遊びます。足を使って遊ぶ場合、最後は足の裏からひざまでくすぐります。親子やお友だちで遊べる楽しい歌です。

Music by traditional

This lit-tle pig went to mar--ket, this lit-tle pig stayed at home.
This lit-tle pig— had roast beef, this lit-tle pig— had none, and
this lit-tle pig— cried, "Wee, wee, wee, wee, wee," all the way home.

☆ 歌にあわせてやってみよう！ ☆

① ♪ This little pig went to market,

右手をひらいて、左手でその親指を握ります。

② ♪ this little pig stayed at home.

次は人差し指を握ります。
これをくり返し、順番に指を握っていきます。

③ ♪ "Wee, wee, wee, wee, wee,"

右手のひらを左手でくすぐります。

④ ♪ all the way home.

右腕を伸ばして道のようにし、
左手を使って、ひじまでくすぐります。

子どもの足の指で遊ぶ時は、親指から順番にさわり、
「"Wee, wee, wee, wee, wee," all the way home.」で足の裏からひざまで、くすぐります。

This Little Pig Went To Market

This little pig went to market,

this little pig stayed at home.

This little pig had roast beef,

this little pig had none, and

this little pig cried, "Wee, wee, wee, wee, wee,"

all the way home.

こぶたさんがお買いものに

この　こぶたさんは　おかいものに　いって

この　こぶたさんは　いえで　おるすばん

この　こぶたさんは　ロースト　ビーフを　たべたけど

この　こぶたさんは　たべなかったよ　そして

この　こぶたさんは　「ブーブーブーブーブー」と

なきながら　いえに　かえったよ

30: One, Two, Buckle My Shoe
1、2、くつひもむすんで

リズムに合わせて全身を動かしながら、歌に出てくる数字と振りを覚えましょう。
最後の「Nine, ten, a big fat hen!」では、
少し大げさに太ったニワトリのまねをすると、子どもたちは喜ぶでしょう。

Words by traditional

One, two, buck-le my shoe. Three, four,
close the door. Five, six, pick up sticks.
Seven, eight, lay them straight. Nine, ten, a big fat hen!

☆ 歌にあわせてやってみよう！ ☆

① ♪ One, two, buckle my shoe.

1本、2本と指を立て、　　　　　　　　しゃがんで靴ひもを
結ぶまねをします。

② Three, four, close the door.

3本、4本と指を立て、
ドアを閉めるまねをします。

③ ♪ Five, six, pick up sticks.

5本、6本と指を立て、
床に落ちている木の棒を拾います。

④ ♪ Seven, eight, lay them straight.

7本、8本と指を立て、
棒を1本1本置いていくまねをします。

⑤ ♪ Nine, ten, a big fat hen!

9本、10本と指を立て、
両腕を広げて太ったニワトリのようにします。

One, Two, Buckle My Shoe

One, two, buckle my shoe.

Three, four, close the door.

Five, six, pick up sticks.

Seven, eight, lay them straight.

Nine, ten, a big fat hen!

1、2、くつひもむすんで

1、2　くつひも　むすんで

3、4　ドアを　しめて

5、6　きの　ぼうを　ひろって

7、8　ぼうの　はしを　そろえて

9、10　ふとった　ニワトリだ！

著者／原 幸子（はら さちこ）

東京生まれロサンゼルス育ち・帰国子女。2歳の時に渡米。帰国後、アメリカン・スクール・イン・ジャパン（American School in Japan）高校、上智大学を卒業。バイリンガルと歌唱力を活かし、英語で教育教材の歌唱・朗読や、CMの歌やナレーション、テレビ番組の英語吹き替え、ボイス・トレーナーなど、幅広いフィールドで活躍中。また、政府インターネット・テレビの英語ナレーターや、NHK教育コンテンツ国際コンクール「日本賞」の英文ニュース・レターを担当。ニューヨークのボイス・トレーナー Adrienne Angel と、日本のボイス・トレーナー福原久美に師事する。横浜と都内のライヴ・ハウスで勢力的に活動を行なっている。
Official homepage http://sachikosinger.com

編曲／山田 康人（やまだ やすひと）

東京コンセルヴァトアール尚美作曲学科卒。慶應義塾大学経済学部通教課程在学。作曲家・編曲家・作詞家・音楽ディレクター。NHK教育『天才てれびくん MAX ゴルフ BOY』『天才てれびくん MAX よみきりっ！』、フジテレビ『とくダネ！』『グータンヌーボ』『とんねるずのみなさんのおかげでした』など、幅広いテレビ番組の音楽を担当。ほかに、ジャニーズミュージカル『DREAM BOYS』、SMAP『LIVE BIRDMAN』、滝沢秀明『滝沢演舞城』などの舞台やコンサートに作曲・編曲で参加している。

表紙イラスト／見杉宗則
本文イラスト／十亀敏枝
デザイン／村上佑佳（株式会社アルスノヴァ）

DVDブック
てあそび 英語うた

発行日　2011年3月10日

著　者　原 幸子
編　曲　山田康人
発行人　沢田健太郎
発行所　株式会社 民衆社
　　　　東京都文京区本郷 4-5-9-901
　　　　電話 03 (3815) 8141　FAX 03 (3815) 8144
編集・製作　株式会社 アルスノヴァ
DVD製作　日本情報流通株式会社
印刷・製本　株式会社 平河工業社

Ⓒ 2011 by MINSHUSHA., LTD
ISBN978-4-8383-1031-9